SCHLANKE EIWEISSKÜCHE

Rezepte mit Koch- und Backeiweiß

Sebastian Benthe

»ESSEN SIE GERNE?

Prima – denn ich bin Koch aus Leidenschaft und freue mich, wenn es Ihnen schmeckt. Sie wollen trotzdem eine gute Figur behalten? Da habe ich einen Tipp für Sie: Eiweiß. Dieser wichtige Nährstoff ist nicht nur ein verlässlicher Sattmacher, er kurbelt sogar die Fettverbrennung an! Mit der richtigen, eiweißreichen Ernährung kann man erfolgreich abnehmen und vor allem dauerhaft schlank bleiben! Außerdem macht Eiweiß schön, munter, geistig rege und ist unentbehrlich für alle wichtigen Lebensfunktionen!

In unserer heutigen Gesellschaft fällt es oft nicht leicht, sich bewusst eiweiß- und abwechslungsreich zu ernähren und zugleich auf seine Linie zu achten. Hinzu kommt, dass Eiweiß in unserer Nahrung häufig mit einem hohen Fettgehalt einhergeht.

So kam ich auf die Idee, Rezepte speziell für das Kochen und Backen mit hochwertigem, reinen Eiweißpulver zu entwickeln. Es ging mir vor allem darum, typisch kohlenhydratreiche Speisen wie Pasta, Pizza, Brot, süße Mehlspeisen oder herzhafte Snacks mit mehr Eiweiß und weniger Kohlenhydraten zu kreieren. Das Resultat: Verzicht war gestern! Mit diesen leckeren Rezepten können sie ohne schlechtes Gewissen genießen!«

Viel Spaß und guten Appetit!

Sebastian Benthe

EINE WUNDERBARE ZUTAT

Eiweiß

Dieses Rezeptbuch widmet sich der eiweißreichen Küche. Doch was genau ist eigentlich Eiweiß? Und: Inwiefern trägt eine eiweißreiche Ernährung zu einer schlanken Linie bei?

Der Schlüssel für eine schlanke Linie ist eine ausgewogene, gesunde Ernährung. Dabei spielt ein Nährstoff eine besonders wichtige Rolle: Eiweiß.

EIWEISS – WAS IST DAS? WARUM BRAUCHT UNSER KÖRPER EIWEISS?

Eiweiße (auch Proteine genannt) sind Grundbaustoffe unseres Körpers und unentbehrlich für alle wichtigen Lebensfunktionen. Um Zellen, Muskelfasern, Knochen, Organe, Hormone oder Blut zu bilden, müssen wir Eiweiß mit der Nahrung aufnehmen. Unser Körper wandelt dieses Nahrungseiweiß in körpereigenes Eiweiß um. Nahrungseiweiße bestehen aus Aminosäuren.
Unser Körper ist auf die Versorgung mit acht essentiellen Aminosäuren über die Ernährung angewiesen. Nur so kann er optimal funktionieren.

IN WELCHEN LEBENSMITTELN STECKT EIWEISS?

Milchprodukte wie Milch, Käse, Joghurt, Buttermilch, Kefir etc. sind prima Eiweiß-Lieferanten. Ebenso steckt tierisches Eiweiß in Fleisch (Huhn, Pute, Schweinefilet, Rinderfilet, Lamm, Rehrücken) aber vor allem in Fisch, Krusten- oder Schalentieren. Pflanzliches Eiweiß findet man vor allem in Soja, Nüssen und Hülsenfrüchten, aber auch in Leinsamen, Sesam, Amaranth oder Himbeeren.

WIE SOLLTE MAN SEIN EIWEISS ESSEN?

Es ist wichtig, die Eiweißzufuhr portionsweise über den Tag zu verteilen. Zu viel Eiweiß auf einmal scheidet die Niere nämlich aus. Ein dickes Eiweißfrühstück zu verspeisen und den Rest des Tages gar keine oder wenig Proteine zu essen ist zum Beispiel wenig sinnvoll. Am Abend darf es sogar ruhig eine größere Portion Eiweiß und weniger Kohlenhydrate sein. Warum?

EIWEISS KURBELT DIE FETTVERBRENNUNG AN!

Ohne Eiweiß keine Hormone! Und die sind schließlich unser körpereigener Fatburner. Allen voran das Wachstumshormon STH (Somatotropin). Es wird nachts aktiv; der Körper produziert es im Tiefschlaf. Eiweiß-Hauptakteure sind die Aminosäuren Arginin und Lysin. Sie lassen die Muskeln wachsen, das Fett schmelzen und straffen zugleich die Haut. Eine bewusst eingesetzte Eiweißzufuhr kann also dazu beitragen, abzunehmen und sein Gewicht zu halten. Vor allem abends erreicht man mit der Extra-Portion Eiweiß viel. Wer am Abend die schnellen Kohlenhydrate (mittlerer bis hoher glykämischer Index) und fettige Speisen weglässt und stattdessen eiweißreich isst, ermöglicht dem Körper, in der Nacht ordentlich Fett zu verbrennen: Das Insulintief lockt nämlich STH Wachstumshormone und die sind für Fettverbrennung verantwortlich! Eiweiß erhöht den Stoffwechsel über Nacht um ganze 20 Prozent!

EIWEISS – EIN VERLÄSSLICHER SATTMACHER!

Eiweiß hat eine sehr gute Sättigungswirkung, das ist wissenschaftlich bewiesen. Lebensmittel mit so genannten „schnellen" Kohlenhydraten erhöhen den Blutzuckerspiegel rasant und blockieren so die Fettverbrennung. Der Insulinspiegel fällt kurz darauf schnell wieder in den Keller. Die Folge: Heißhunger. Bei einer über den Tag verteilten proteinreichen Ernährung wird der Insulinspiegel über einen längeren Zeitraum konstant gehalten. So läuft die Fettverbrennung wie am Schnürchen und der Heißhunger hat kaum eine Chance.

EIWEISS – EINE ECHTE STIMMUNGSKANONE!

Eiweiß ist nicht nur ein verlässlicher Sattmacher, es unterstützt auch das Immunsystem und bringt deine Hormone auf Trab: Dopamin versorgt dich mit Antriebskraft und Energie, Serotonin ist für unsere Zufriedenheit zuständig. Einfach besser drauf – mit Eiweiß!

WAS IST DAS BESONDERE AN DIESEM NÄHRSTOFF?

Kohlenhydratreiches und fettiges Essen landet weitaus eher auf den Hüften als eiweißreiches. Denn für den Körper ist es leichter, Nahrungsfette und Kohlenhydrate in Körperfett umzuwandeln als Eiweiß in Körperfett.

DAS PROBLEM

Tierisches Eiweiß geht oft mit Fett einher und pflanzliches Eiweiß mit Fasern. Pflanzliches Eiweiß wird nicht so gut verstoffwechselt wie tierisches. Eine optimale Versorgung mit Eiweiß ohne zuviel Fett zu sich zu nehmen, ist daher gar nicht so leicht. Hinzu kommt, dass es viel mehr kohlenhydratreiche als eiweißreiche Lebensmittel gibt. Im Alltag ist es so auch deutlich schwieriger, eiweißreiche, abwechslungsreiche Gerichte auf den Speiseplan zu bekommen, als kohlenhydratlastige Speisen. Das fängt schon morgens beim belegten Brötchen vom Bäcker an und geht beim Italiener in der Mittagspause weiter.

DIE LÖSUNG

Hochwertiges Eiweißpulver wie das Koch- und Backeiweiß von HANUKO ist nicht an Fette gebunden wie Eiweiß aus herkömmlichen Nahrungsmitteln und hat damit weniger Kalorien. Es liefert reines Eiweiß (Sojaeiweißisolat, Molkeneiweiß, Milcheiweiß, Weizeneiweiß), das der Körper verstoffwechseln kann. Es ist speziell für das Kochen und Backen entwickelt worden und lässt sich wunderbar in Rezepte mit einbinden – für eine Extra-Portion gesundes Eiweiß oder ein Mehr an Eiweiß und ein Weniger an Kohlenhydraten. Ob, Brot, Salate, Nachspeisen oder Nudeln – lassen Sie sich von der Vielfalt der eiweißreichen Rezepte überraschen!

DAS MULTITALENT DER GESUNDEN KÜCHE: EIWEISS

Brot schmeckt einfach lecker! Vor allem, wenn es frisch und duftend aus dem Backofen kommt. Aber gerade mit dem guten deutschen Abendbrot ist das ja so eine Sache – vor allem für diejenigen, die auf ihre Linie achten wollen. Denn Brot hat viele Kohlenhydrate. Und die tun unserer Figur vor Abend gar nicht gut. Die Lösung: Backen Sie Ihr Brot selbst mit Eiweißpulver statt Mehl! Das geht mit meinen vier Brotrezepten ganz einfach!

Sie lieben Pizza und Pasta? Haben aber immer ein schlechtes Gewissen, wegen der vielen Kohlenhydrate? Mit diesen Rezepten holen Sie sich den Italiener nach Hause – aber das schlechte Gewissen bleibt draußen! Denn auch Pasta und Pizza lassen sich ganz einfach mit Eiweißpulver zubereiten! Für eine Extra-Portion Eiweiß, weniger Kohlenhydrate und mehr Geschmack!

Und was wäre das Leben ohne ein Stück Kuchen oder einen leckeren, herzhaften Snack? Nur halb so schön! Deswegen hat Sebastian Benthe Kuchen, süße Mehlspeisen, herzhafte Hauptspeisen und Snacks kreiert, die Ihre Geschmacksgelüste befriedigen UND Ihren Körper mit gesundem Eiweiß versorgen.

Entdecken Sie die Vielfalt einer eiweißreichen Küche!
Viel Spaß beim Kochen und Backen!

Herzhaftes & Snacks

GESUNDE REZEPTE FÜR DEN GESUNDEN APPETIT!

PFANNKUCHEN-WRAPS

ZUBEREITUNGSZEIT 30 Minuten

UTENSILIEN Schüssel, Schneebesen, große beschichtete Pfanne, Kelle, Teller, Klarsichtfolie

FÜR **8** STÜCK

ZUBEREITUNG

Mehl, Koch- und Backeiweiß und Milch in einer Schüssel mit 1 Prise Salz glatt rühren. Eier und 1 EL Öl unterrühren.

Eine beschichtete Pfanne (26 cm Ø) erhitzen, mit etwas Öl ausstreichen. Nacheinander 8 dünne Pfannkuchen backen, gegebenenfalls die Pfanne erneut ölen. Pfannkuchen auf einen Teller stapeln und auskühlen lassen.

Zum Belegen die Pfannkuchen mit Frischkäse bestreichen. Je ein Salatblatt darauf legen und mit Schinken und Käse belegen.

Pfannkuchen aufrollen und in Klarsichtfolie wickeln. Kann gut vorbereitet werden und bis zu 4 Stunden im Kühlschrank verweilen.

ZUTATEN

100 g Mehl
50 g Koch- und Backeiweiß
325 ml Milch
1 Prise Salz
2 Eier (Größe M)
1 EL Rapsöl plus etwas Rapsöl zum Backen
125 g Joghurt-Frischkäse
8 Blätter Kopfsalat
150 g gekochter Schinken in Scheiben
150 g fettreduzierter Gouda in Scheiben

LOW-CARB HACKBRATEN

ZUBEREITUNGSZEIT 30 Minuten plus Bratzeit

UTENSILIEN Schüssel, Sieb, Messer, Schneidebrett, Pfanne, Kastenform 1,2 l

FÜR 6 PORTIONEN

ZUBEREITUNG

Rinderhack mit den Eiern, Koch- und Backeiweiß, Salz, Pfeffer und Oregano in einer Schüssel mischen.

Paprikaschoten abtropfen lassen und in Würfel schneiden. Pinienkerne ohne Fett in einer Pfanne rösten und grob hacken.

Paprika und Pinienkerne unter die Hackmasse mischen und alles zu einem glatten Teig verkneten. Eine Kastenform (etwa 1,2 l Inhalt) mit dem Olivenöl fetten.

Fleischmasse hinein geben, glatt streichen und im vorgeheizten Backofen bei 200 °C (Umluft: 180 °C) auf der zweiten Schiene von unten 35–40 Minuten garen.

Hackbraten aus dem Ofen nehmen und einige Minuten ruhen lassen. In Scheiben schneiden und servieren. Dazu passt ein grüner Salat.

ZUTATEN

650 g mageres Rinderhack

2 Eier

2 EL Koch- und Backeiweiß

Salz

Pfeffer

175 g geröstete rote Paprikaschoten (Abtropfgewicht; Glas)

30 g Pinienkerne

1 EL Olivenöl

AUBERGINEN-GRATIN

ZUBEREITUNGSZEIT 20 Minuten plus Backzeit

UTENSILIEN Geräte, Messer, Schneidebrett, Küchenkrepp, beschichtete Bratpfanne, Auflaufform ca. 1 l Inhalt

FÜR 4 PORTIONEN

ZUBEREITUNG

Die Auberginen waschen, trocknen und in 1 cm dicke Scheiben schneiden. Auf Küchenkrepp legen, salzen und ca. 15 Minuten Wasser ziehen lassen.

Auberginen im Koch- und Backeiweiß wenden und in einer beschichteten Pfanne im heißen Olivenöl von jeder Seite portionsweise goldbraun braten.

Auberginen und Tomatensauce abwechselnd in eine leicht gefettete Auflaufform schichten, dabei mit dem Salbei bestreuen. Die letzte Schicht sollte Tomatensauce sein.

Mozzarella abtropfen lassen und in Stücke gerissen auf dem Gemüse verteilen.

Im heißen Ofen ca. 35 Minuten bei 200 °C auf der mittleren Schiene backen. Dazu passt ein kleiner Salat mit Balsamico-Vinaigrette.

ZUTATEN

1 kg Auberginen

Salz

ca. 100 g Koch- und Backeiweiß

4 EL Olivenöl

450 ml Tomatensauce (aus dem Glas oder selbstgemacht)

2 TL gehackte Salbeiblätter oder ersatzweise Basilikum

300 g Mozzarella

SPARGEL-TEMPURA MIT LACHSTATAR

ZUBEREITUNGSZEIT 30 Minuten

UTENSILIEN 3 Schüsseln, Schneebesen, Messer, Schneidebrett, Fritteuse oder Topf zum Frittieren, Küchenpapier

FÜR 4 PORTIONEN

ZUBEREITUNG

Ei, Mineralwasser, Weißwein, Mehl, Koch- und Backeiweiß und Paprikapulver mit etwas Salz glatt rühren und den Teig 20 Minuten kalt gestellt ruhen lassen.

Für das Lachstatar den Fisch fein würfeln. Die rote Zwiebel pellen und fein hacken. Fisch und Zwiebel mit etwas Zitronensaft, Sojasauce und den Ölen mischen. Mit Salz und Pfeffer würzen. Schnittlauch in feine Röllchen schneiden und untermischen.

Den weißen Spargel gründlich schälen. Den grünen Spargel waschen (grüner Spargel muss nicht geschält werden). Das untere Drittel der Spargelstangen abschneiden.

Das Rapsöl in einer Fritteuse oder einem Topf auf 180 °C erhitzen, die Stangen durch den Teig ziehen und im heißen Fett in etwa 4 Minuten hellbraun frittieren.

Die fertigen Spargel-Tempura auf Küchenpapier abtropfen lassen und sofort mit dem Tatar servieren.

ZUTATEN

1 Ei (Größe M)

175 ml sehr kaltes Mineralwasser

1 EL Weißwein

50 g Mehl

50 g Koch- und Backeiweiß

1 TL rosenscharfes Paprikapulver

500 g grüner Spargel (feine Stangen)

250 g weißer Spargel (feine Stangen)

Salz

400 g Lachsfilet

1 kleine rote Zwiebel

3 EL Zitronensaft

2 TL Sojasauce

2 EL Olivenöl

1 TL Sesamöl

Rapsöl zum Frittieren

Pfeffer

1/2 Bund Schnittlauch

ERBSEN-TARTE MIT KRÄUTERBODEN

ZUBEREITUNGSZEIT 35 Minuten plus Back- und Ruhezeiten

UTENSILIEN Geräte, Messer, Schneidebrett, Schüssel, Holzlöffel, Rollholz, Tarteform 24 cm Ø, Backpapier, Hülsenfrüchte zum Blindbacken, kleiner Topf, Sieb, Schneebesen

FÜR 10 PORTIONEN

ZUBEREITUNG

Thymianblätter von den Zweigen rebeln und grob hacken. Butter mit Thymian und Salz glatt rühren, die Eigelbe nacheinander gründlich untermischen. 2 EL Wasser und das Mehl auf einmal dazugeben und alles rasch zu einem glatten Teig kneten. In Klarsichtfolie eingepackt 1 Stunde ruhen lassen.

Erbsen 10–20 Minuten auftauen lassen. Die Tarteform fetten und mit etwas Mehl bestreuen. Den Teig zu einem Kreis von etwa 26 cm Durchmesser ausrollen und in die Tarteform legen und andrücken. Zum Blindbacken den Boden des Teiges mit einem Backpapierkreis auslegen, mit getrockneten Hülsenfrüchten füllen und im vorgeheizten Ofen bei 190 °C (Umluft 170 °C) auf der zweiten Schiene von unten 15 Minuten vorbacken. Aus dem Ofen nehmen, Hülsenfrüchte und Papier entfernen und in der Form kurz auskühlen lassen.

Basilikum waschen, trockenschütteln, Blätter abzupfen und grob hacken. Dicke Bohnen kurz in kochendes Wasser geben, in einem Sieb gut abtropfen lassen und aus den Häuten lösen.

Bohnen, Erbsen und Basilikum mit dem Koch- und Backeiweiß mischen und auf den Teig geben. Schmand, Eier und Milch verrühren und mit Salz und Pfeffer würzen.

Guss über das Gemüse in die Tarteform gießen und auf dem Backofenrost im vorgeheizten Backofen bei 180 °C auf der zweiten Schiene von unten 25 Minuten backen. Hitze auf 150 °C (Gas: Stufe 1–2) reduzieren und weitere 20 Minuten backen, bis der Guss in der Mitte fest ist. Vor dem Aufschneiden etwa 5 Minuten abkühlen lassen.

ZUTATEN FÜR DEN THYMIAN-MÜRBETEIG

2 Zweige Thymian
200 g Butter
Salz
2 Eigelb (vom Ei Größe M)
200 g Mehl
100 g Koch- und Backeiweiß

ZUTATEN FÜR DIE FÜLLUNG

150 g TK-Erbsen
2 Stiele Basilikum
100 g TK-dicke Bohnen
2 TL Koch- und Backeiweiß
100 g Schmand
3 Eier
75 ml Milch (1,5 % Fett)
Pfeffer

SCHNELLE HÄHNCHENSCHNITZEL MIT TOMATE UND WEISSWEIN

ZUBEREITUNGSZEIT 20 Minuten

UTENSILIEN Kleines Messer, Knoblauchpresse, Schneidebrett, Messer, Frischhaltefolie, Fleischklopfer, flache Arbeitsschalen oder Teller, Bratpfanne, Servierplatte

FÜR 4 PORTIONEN

ZUBEREITUNG

Knoblauch pellen und durch eine Presse geben. Zwiebel pellen und fein würfeln.

Hähnchenbrustfilet leicht schräg in dünne Scheiben schneiden. Scheiben zwischen zwei Frischhaltefolien legen, mit einer schweren Pfanne oder einem Fleischklopfer plattieren, sodass kleine Schnitzel entstehen.

Koch- und Backeiweiß in eine Arbeitschale oder auf einen großen Teller geben. Eier mit der Sahne verquirlen. Schnitzel mit Salz und Pfeffer würzen.

Das Öl in einer Pfanne erhitzen. Die Schnitzel zuerst im Koch- und Backeiweiß wenden, dann durch das Ei ziehen und erneut im Eiweißpulver wenden. Überschüssiges Pulver abschütteln.

Schnitzel in die Pfanne geben und bei relativ kleiner Hitze von jeder Seite goldbraun braten. Herausnehmen und auf einer Servierplatte im Ofen warm halten.

Überschüssiges Fett aus der Pfanne schütten, Zwiebeln und Knoblauch hinein geben und kurz dünsten. Pizzatomaten dazugeben und mit dem Weißwein angießen.

3 Minuten kochen lassen. Mit Salz und Pfeffer würzen und mit der gehackten Petersilie vollenden. Sauce über die Schnitzel geben und sofort servieren.

ZUTATEN

2 Knoblauchzehen
1 kleine Zwiebel
4 Hähnchenbrustfilets a 140 g
100 g Koch- und Backeiweiß
2 Eier
3 EL Schlagsahne
Salz
Pfeffer
3 EL Olivenöl
1 Dose Pizzatomaten
125 ml Weißwein
2 EL gehackte Petersilie

QUARKKÜCHLEIN MIT CHICOREE

ZUBEREITUNGSZEIT 25 Minuten

UTENSILIEN Salatschleuder, Schüssel, Kleiner Topf, Schneebesen oder Pürierstab, Küchentuch, Holzlöffel, beschichtete Bratpfanne, Pfannenwender

FÜR 4 PORTIONEN

ZUTATEN

2 Chicoree
1 roter Chicoree
100 ml Grapefruit- oder Orangensaft
1 TL Dijonsenf
Salz
Pfeffer
2 EL Olivenöl plus Öl zum Braten
2 EL Rapsöl
400 g Magerquark
2 Eier
50 g Koch- und Backeiweiß plus Koch- und Backeiweiß zum Panieren der Küchlein
1/2 Knoblauchzehe
Muskatnuss, frisch gerieben

ZUBEREITUNG

Chicoree putzen und die Blätter ablösen. Kalt waschen und trockenschleudern. Chicoreeblätter in eine Schüssel geben.

Für die Vinaigrette Grapefruit- oder Orangensaft in einem kleinen Topf aufkochen und bei mittlerer Hitze sirupartig einkochen lassen. Leicht abkühlen und mit dem Senf, Salz und Pfeffer glatt rühren. Öle darunter schlagen.

Quark in ein Tuch geben und kräftig ausdrücken. Quark, Eier, Koch- und Backeiweiß und die durchgepresste Knoblauchzehe mit Salz, Pfeffer und Muskat verrühren. 10–15 Minuten quellen lassen.

Die Masse mit feuchten Händen zu kleinen Küchlein formen.

Die Plätzchen in Koch- und Backeiweiß wenden und in etwas Olivenöl bei niedriger Hitze von jeder Seite 4–5 Minuten goldbraun braten.

Vinaigrette und Chicoreeblätter mischen und sofort servieren. Mit den Quarkküchlein servieren.

MÖHREN-SCHUPFNUDELN

ZUBEREITUNGSZEIT 60 Minuten plus Wartezeiten

UTENSILIEN Topf, Kartoffelpresse, Schüssel, Messer, Schneidebrett, Backblech, Bratpfanne, großer Topf, Schaumkelle

FÜR 4 PORTIONEN

ZUBEREITUNG

Kartoffeln und Möhren waschen, schälen und grob würfeln. Mit Salzwasser bedeckt zum Kochen bringen und ca. 20 Minuten garen.

Abgießen, abtropfen lassen und durch eine Kartoffelpresse in eine Schüssel drücken. 10 Minuten abkühlen lassen.

Eier, Koch- und Backeiweiß, Mehl, etwas Salz und Pfeffer zur abgekühlten Kartoffel-Möhren-Masse geben, etwas Muskat darüber reiben. Alles mit den Händen zu einem glatten Teig kneten. 30 Minuten ruhen lassen.

Zwiebeln schälen und in feine Streifen schneiden. Speck fein würfeln.

Kartoffel-Möhren-Teig auf einer bemehlten Arbeitsfläche zu drei Rollen von ca. 3 cm Durchmesser formen und in ca. 2 cm breite Stücke schneiden. Die Stücke mit bemehlten Handflächen zu spitzen Nudeln rollen. Auf einem mit Mehl ausgestreutem Backblech zur Seite stellen.

Rapsöl in einer Pfanne erhitzen. Zwiebeln und Speck hineingeben und bei mittlerer Hitze unter häufigem Rühren 5–6 Minuten braten, mit Pfeffer würzen. Warm halten.

Inzwischen Salzwasser in einem großen Topf zum Kochen bringen. Schupfnudeln in das Wasser geben und anschließend knapp unter dem Siedepunkt in etwa 4 Minuten garziehen lassen.

Schupfnudeln mit einer Schaumkelle aus dem Topf heben und abgetropft zum Speck geben. Alles gründlich mischen und sofort servieren.

ZUTATEN

- 375 g mehligkochende Kartoffeln
- 150 g Möhren
- Salz
- 2 Eier
- 4 EL Koch- und Backeiweiß
- 2 EL Mehl
- Pfeffer
- Muskatnuss
- 2 kleine Zwiebeln
- 125 g geräucherter Speck
- 2 EL Rapsöl

Pizza & Pasta

ECHT ITALIENISCH, ECHT AUSGEWOGEN, ECHT LECKER!

PASTATEIG MIT EI AM BEISPIEL BANDNUDELN

ZUBEREITUNGSZEIT 25 Minuten

UTENSILIEN Schüssel, Handrührgerät mit Knethaken, Klarsichtfolie, Nudelmaschine

FÜR 4 PORTIONEN

ZUBEREITUNG

Mehl und Koch- und Backeiweiß in eine Schüssel geben. Eier, Olivenöl, Salz und 1 EL Wasser verrühren und zum Mehl-Backeiweiß-Gemisch geben. Mit den Knethaken des Handrührgerätes kurz verkneten. Teig auf eine mit Mehl ausgestreute Arbeitsfläche geben und mit den Händen 5 Minuten kneten, dabei wenn nötig etwas Mehl zusätzlich auf die Arbeitsfläche geben. Teig in Klarsichtfolie wickeln. Im Kühlschrank 1 Stunde ruhen lassen.

Die Teigkugel vierteln und die Stücke zu Rechtecken formen. Jedes Rechteck bis zur gewünschten Stärke durch die Walzen der Nudelmaschine drehen (für Tagliatelle von 1 bis 7). Die gerade nicht bearbeiteten Rechtecke mit Klarsichtfolie abdecken, um diese vor dem Austrocknen zu schützen.

Die Teigbahnen in Stücke von ca. 30 cm Länge schneiden, und anschließend durch die Nudelmaschine drehen.

Zum Garen die Nudeln 3–4 Minuten in ca. 5 l gesalzenem Wasser kochen. Abgießen und gut abtropfen lassen, aber nicht abschrecken, da die Sauce sonst nicht an ihnen haftet.

ZUTATEN

- 150 g Weizenmehl Type 405
- 125 g Koch- und Backeiweiß
- 3 Eier (Größe L)
- 2 EL Olivenöl
- 1/2 TL Salz
- 1 Eiweiß (vom Ei Größe L)
- Mehl und Hartweizengrieß zum Bearbeiten

BANDNUDELN MIT PILZ-BOLOGNESE

ZUBEREITUNGSZEIT 50 Minuten

UTENSILIEN Messer, Schneidebrett, großer flacher Topf, Holzlöffel, Dosenöffner, Nudelmaschine, großer Topf, Parmesan-Reibe

FÜR 4 PORTIONEN

ZUBEREITUNG

Pilze putzen und fein hacken. Möhren und Sellerie putzen und fein würfeln. Zwiebeln und Knoblauch pellen und hacken.

Das Öl in einem großen flachen Topf erhitzen und die Möhren, Sellerie, Knoblauch und Zwiebeln darin unter Rühren bei mittlerer Hitze 4–5 Minuten glasig dünsten.

Pilze dazu geben und weitere 3 Minuten unter Rühren dünsten. Mit Salz und Pfeffer würzen. Dosentomaten und Brühe in den Topf geben und aufkochen. Oregano dazugeben. Bei mittlerer Hitze zugedeckt 20 Minuten sanft kochen lassen.

Inzwischen die Nudeln wie im Grundrezept beschrieben ausrollen und mit der Nudelmaschine zu Bandnudeln schneiden.

Einen großen Topf Salzwasser zum Kochen bringen und die Nudeln darin 4 Minuten sprudelnd kochen. Abgießen und gut abtropfen lassen.

Die Sauce mit Salz und Pfeffer würzen und die Nudeln darin wenden. Auf die Teller geben und mit dem frisch geriebenen Parmesan servieren.

ZUTATEN

300 g gemischte Pilze
(z. B. Wiesenchampignons, Kräuterseitlinge, Shiitake)
50 g Möhren
50 g Knollensellerie
100 g Zwiebeln
1–2 Knoblauchzehen
2 EL Olivenöl
Salz, schwarzer Pfeffer
1 Dose Pizzatomaten (450 g)
175 ml Brühe
1 TL getrockneter Oregano
Zucker
30 g grob geriebener Parmesan

außerdem: 1 Rezept Pastateig

BANDNUDELN MIT THUNFISCH, OLIVEN UND KAPERN

ZUBEREITUNGSZEIT 40 Minuten

UTENSILIEN Dosenöffner, Messer, Schneidebrett, Pfanne, Holzlöffel, Nudelmaschine, großer Topf

FÜR 4 PORTIONEN

ZUBEREITUNG

Den Thunfisch gut abtropfen lassen. Die Zwiebeln fein würfeln. Tomaten vierteln, entkernen und grob würfeln. Basilikumblätter von den Stielen zupfen und fein hacken.

Das Öl in einer Pfanne bei niedriger Hitze erhitzen, die Zwiebeln darin 1 Minute farblos anschwitzen. Tomatenwürfel dazugeben und 1 weitere Minute dünsten. Oliven, Kapern und Tomatensaft dazugeben und bei niedriger Hitze 5 Minuten köcheln lassen. Thunfisch dazugeben und solange sanft kochen bis der Thunfisch vollständig warm ist.

Nudeln nach Grundrezept herstellen und zu Bandnudeln ausrollen. 4 Minuten in reichlich Salzwasser kochen, abgießen und abtropfen lassen.

Die Nudeln mit der Soße vermengen und mit Basilikum bestreut servieren.

ZUTATEN

200 g Thunfisch naturell, Abtropfgewicht

2 rote Zwiebeln

350 g vollreife Tomaten

1/2 Bund Basilikum

4 EL Olivenöl

je 50 g grüne und schwarze Oliven ohne Stein

50 g Kapern aus dem Glas, Abtropfgewicht

150 ml Tomatensaft

außerdem: 1 Rezept Pastateig

LINGUINE ARRABIATA

ZUBEREITUNGSZEIT 45 Minuten

UTENSILIEN Topf, Schaumkelle, Messer, Schneidebrett, Pfanne oder flacher Topf, Holzlöffel, Nudelmaschine, großer Topf

FÜR 4 PORTIONEN

ZUBEREITUNG

Die Tomaten kurz in siedendes Wasser geben, herausnehmen, kalt abschrecken und häuten. Vierteln, entkernen und anschließend würfeln.

Die Zwiebeln und Knoblauchzehen pellen und fein hacken. Die Chilischoten längs halbieren, entkernen und hacken. Das Öl in einer Pfanne oder einem flachen Topf erhitzen, Zwiebeln, Knoblauch und Chili darin bei mittlerer Hitze 2–3 Minuten anschwitzen. Tomaten dazugeben und 20 Minuten unter häufigem Rühren bei mittlerer Hitze garen.

Den Pastateig wie im Grundrezept beschrieben zu Bandnudeln schneiden und 2–4 Minuten in kochendem Salzwasser garen. Abgießen, abtropfen lassen und mit der Sauce mischen. Mit Parmesan garnieren und mit der Petersilie bestreut servieren.

ZUTATEN

750 g vollreife Tomaten
100 g Zwiebeln
2 Knoblauchzehen
2 rote Chilischoten
2 EL Rapsöl
Salz
30 g grob geriebener Parmesan
1 EL gehackte glatte Petersilie

außerdem: 1 Rezept Pastateig

MODEL 150 mm - DELUXE
MADE IN ITALY
REG. DESIGN

RAVIOLI GRUNDTEIG UND HERSTELLUNG

ZUBEREITUNGSZEIT ca. 1 Stunde plus Ruhezeiten

UTENSILIEN Schüssel, Handrührgerät mit Knethaken, Klarsichtfolie, Nudelmaschine, Ravioliausstecher

FÜR 4-6 PORTIONEN

ZUBEREITUNG

Mehl und Koch- und Backeiweiß in eine Schüssel geben. Eier, Olivenöl, Salz und 1 EL Wasser verrühren und zum Mehl-Backeiweiß-Gemisch geben. Mit den Knethaken des Handrührgerätes kurz verkneten. Teig auf eine mit Mehl ausgestreute Arbeitsfläche geben und mit den Händen 5 Minuten kneten, dabei wenn nötig etwas Mehl zusätzlich auf die Arbeitsfläche geben. Teig halbieren und einzeln in Klarsichtfolie wickeln. Im Kühlschrank 1 Stunde ruhen lassen.
Die Teigstücke nacheinander fünfmal durch die glatte Walze einer Nudelmaschine auf eine bemehlte Arbeitsfläche zu Bahnen drehen. Dabei immer wieder den Teig mit Mehl bestäuben damit er nicht in der Maschine kleben bleibt. Eine Teigbahn mit Klarsichtfolie abdecken. Die andere Bahn mit einem Ravioliausstecher durch leichtes Aufdrücken in 1 cm Abständen so markieren, dass klar erkennbare Abdrücke entstehen.

Die Füllung je nach Rezept in die Markierungen geben. Eiweiß mit einem Pinsel in die Zwischenräume streichen.

Klarsichtfolie entfernen und die zweite Teigbahn bündig auf die vorbereitete Bahn legen. Den Teig mit den Handkanten behutsam um die Füllung herum zusammendrücken, dabei sicherstellen dass keine Luft in den Ravioli bleibt. Mit dem Ausstecher ausstechen und die fertigen Ravioli bis zur weiteren Verwendung auf einem mit Hartweizengrieß ausgestreuten Blech geben und mit einer mit Mehl bestreuten Stoffserviette abgedeckt kühl stellen.

Ravioli wie im jeweiligen Rezept angegeben in reichlich kochendem Salzwasser garen und abgießen.

ZUTATEN FÜR CA. 30 STÜCK

- 150 g Weizenmehl Type 405
- 125 g Koch- und Backeiweiß
- 3 Eier (Größe L)
- 2 EL Olivenöl
- 1/2 TL Salz
- 1 EL Wasser
- 1 Eiweiß (vom Ei Größe L)
- Mehl und Hartweizengrieß zum Bearbeiten

RAVIOLI MIT SPINAT UND RICOTTA GEFÜLLT

ZUBEREITUNGSZEIT 1 Stunde 40 Minuten

UTENSILIEN Messer, Schneidebrett, Schüssel, Nudelmaschine, Ravioliausstecher, großer Topf, Pfanne

FÜR 6 PORTIONEN

ZUBEREITUNG

Für die Ravioli: Spinat kräftig ausdrücken und fein hacken. Toastbrot entrinden und fein würfeln. Spinat mit Toast, Ricotta, Eiern und Parmesan gründlich vermengen. Kräftig mit Salz, Pfeffer und Muskat würzen.

Teig wie im Grundrezept beschrieben ausrollen und mit der Spinat-Ricotta-Füllung füllen. Auf ein mit Hartweizengrieß bestreutes Blech geben und bis zur weiteren Verwendung kalt stellen.

Ravioli in kochendem Salzwasser 6 Minuten garen. Die Butter in einer Pfanne bräunen und die Petersilie dazugeben. Ravioli abgießen.

Ravioli in vier tiefe Teller geben und mit der braunen Butter beträufeln. Mit Parmesan bestreut servieren.

ZUTATEN

200 g TK-Blattspinat aufgetaut
3 Scheiben Weizentoastbrot
200 g Ricotta, abgetropft
2 Eier (Größe L)
30 g Parmesan, frisch gerieben
Salz, weißer Pfeffer
frische Muskatnuss
50 g Butter
Mehl und Hartweizengrieß
zum Bearbeiten

außerdem: 1 Rezept Pastateig

SAUERKRAUT-RAVIOLI MIT PILZEN

ZUBEREITUNGSZEIT 1 Stunde

UTENSILIEN Messer, Schneidebrett, Topf mit Deckel, Sparschäler, Kastenreibe, Nudelmaschine, Backblech, großer Topf, schwere Pfanne

FÜR 4-6 PORTIONEN

ZUBEREITUNG

Sauerkraut unter fließendem Wasser kurz abspülen, etwas ausdrücken. Sauerkraut grob hacken. Speck in feine Würfel schneiden. Zwiebeln pellen und in feine Würfel schneiden.

Öl in einem Topf erhitzen, Speck und Zwiebeln darin zusammen bei mittlerer Hitze braten, bis beide gut gebräunt sind. Sauerkraut dazugeben. Wein angießen, Lorbeer hinzufügen und bei niedriger Hitze zugedeckt 30 Minuten schmoren lassen. Nach 30 Minuten den Apfel schälen und auf der Kastenreibe grob raffeln, zum Kraut geben und weitere 5 Minuten ohne Deckel garen.

Mit Zucker, Pfeffer und Salz abschmecken. Vollständig abkühlen lassen.

Den Teig in zwei Portionen auf einer bemehlten Arbeitsfläche sechs mal durch die glatte Walze der Nudelmaschine drehen. Rechtecke von 15 x 8 cm schneiden. Auf jedes Rechteck etwas von der Füllung geben, mit Eiweiß umpinseln, und der Breite nach zusammenklappen, fest andrücken. Auf ein mit Hartweizengrieß bestreutes Blech legen.

Pilze putzen und Ravioli in kochendem Salzwasser 12 Minuten garen, anschließend abtropfen lassen.

Inzwischen die Pilze in einer großen Pfanne bei starker Hitze ohne Fett anbraten, bis das Wasser austritt, Hitze reduzieren und das Wasser verdampfen lassen. Butter dazugeben und mit Salz und Pfeffer würzen. Warm halten. Ravioli abgießen und mit den Pilzen servieren.

ZUTATEN

500 g frisches Sauerkraut
100 g durchwachsener Speck
200 g Zwiebeln
2 EL Rapsöl
200 ml Weißwein
2 Lorbeerblätter
1 saurer Apfel, ca. 175 g
Zucker, schwarzer Pfeffer, Salz
500 g mittlere Steinpilze oder andere Pilze nach Wahl
40 g Butter
1 EL Rapsöl
1 Eiweiß zum Bepinseln
Hartweizengrieß

außerdem: 1 Rezept Pastateig

PIZZATEIG GRUNDREZEPT

ZUBEREITUNGSZEIT 10 Minuten plus Zeit zum Gehen

UTENSILIEN Schüssel

FÜR 4 PORTIONEN

ZUBEREITUNG

Mehl und Koch- und Backeiweiß in eine Schüssel sieben, Trockenhefe dazugeben und gründlich mischen. 350 ml lauwarmes Wasser angießen. Mit dem Honig, Salz und Olivenöl zu einem geschmeidigen Teig verkneten, zu einer Kugel formen und mit Klarsichtfolie abgedeckt an einem warmen Ort 1–1,5 Stunden gehen lassen bis sich das Volumen verdoppelt hat.

Den Teig kann man nun wie in den folgenden Rezepten beschrieben verwenden.

ZUTATEN

200 g Mehl Type 405

175 g Koch- und Backeiweiß

2 Pakete Trockenhefe

ca. 350 ml lauwarmes Wasser

1 EL flüssiger Honig

1 gestrichenen TL Salz

1–2 EL Olivenöl

PIZZA MARGHERITA

ZUBEREITUNGSZEIT 40 Minuten

UTENSILIEN Kleines Messer, großes Küchenmesser, Topf, Dosenöffner, Schneidebrett, Rollholz, Backbleche

FÜR 4 PORTIONEN

ZUBEREITUNG

Die Zwiebeln schälen und in kleine Würfel schneiden. 4 EL Olivenöl in einem Topf erhitzen und die Zwiebeln darin glasig dünsten. Die Pizzatomaten, die passierten Tomaten sowie den Oregano dazugeben, mit Salz und Pfeffer würzen. Die Sauce etwa 30 Minuten bei mittlerer Hitze unter häufigem Rühren einköcheln lassen.

Den Backofen auf 225 °C vorheizen. Den Mozzarella in dünne Scheiben schneiden.

Den Pizzateig in 4 gleich große Portionen teilen und auf einer mit Mehl bestäubten Arbeitsfläche zu ca. 1 cm dicken Kreisen mit dem Rollholz ausrollen. Die Teigkreise mit der Tomatensauce bestreichen, mit dem Mozzarella belegen und mit dem restlichen Olivenöl beträufeln. Im heißen Ofen etwa 20 Minuten backen. Mit Basilikum garnieren und sofort servieren.

ZUTATEN

2 kleine Zwiebeln

75 ml Olivenöl

1 Dose Pizzatomaten (400 g)

1 Packung passierte Tomaten (500 g)

1 TL getrockneter Oregano

Salz und Pfeffer

Mehl zum Bearbeiten

300 g Mozzarella

Basilikumblättchen zum Garnieren

außerdem: 1 Pizzateig Grundrezept

RÄUCHERLACHSPIZZA

ZUBEREITUNGSZEIT 20 Minuten (plus Zeit für den Grundteig)

UTENSILIEN Messer, Schneidebrett, Pinsel, Pizzastein oder Backblech, kleine Schüssel, Löffel

FÜR 6 PORTIONEN

ZUBEREITUNG

Den Ofen so heiß wie möglich vorheizen.

Die Zwiebel so fein wie möglich in Scheiben schneiden. Den Teig auf einer bemehlten Fläche dünn ausrollen. Mit Olivenöl bestreichen und die Zwiebelwürfel darauf verteilen.

In den heißen Ofen geben und auf der untersten Schiene ca. 10–12 Minuten am besten auf einem Pizzastein knusprig backen. Es kann auch ein einfaches Blech verwendet werden.

Inzwischen die Crème Fraîche mit dem Dill und Schnittlauch sowie frisch gemahlenem schwarzen Pfeffer verrühren.

Pizza aus dem Ofen nehmen und die Crème Fraîche darauf verteilen. Den Lachs dekorativ darauf legen und mit dem Kaviar garniert servieren.

ZUTATEN

1 rote Zwiebel

2 EL Olivenöl

200 g Crème Fraîche

1 EL fein geschnittener Dill

1 EL fein geschnittener Schnittlauch

schwarzer Pfeffer

200 g Räucherlachs
in dünnen Scheiben

2 EL Keta-Kaviar
(ersatzweise Forellenkaviar)

außerdem: 1 Pizzateig Grundrezept

PIZZA QUATTRO STAGIONE (PIZZA VIER JAHRESZEITEN)

ZUBEREITUNGSZEIT 40 Minuten (plus Zeit für den Grundteig)

UTENSILIEN Kleine Messer, Schneidebrett, Topf, Rollholz, Backblech

FÜR 4 PORTIONEN

ZUBEREITUNG

Die Champignons putzen, Stielenden abschneiden und in Scheiben schneiden. Olivenöl in einer Pfanne erhitzen und die Champignons darin 1–2 Minuten braten. Beiseite stellen.

Die Tomaten heiß überbrühen, abschrecken und die Haut abziehen. Anschließend vierteln, entkernen und klein würfeln. Den Schinken klein schneiden. Den Mozzarella in dünne Scheiben schneiden. Die Artischockenherzen abtropfen lassen und vierteln.

Den Ofen auf 225 °C vorheizen.

Den Pizzateig in 4 gleich große Portionen teilen und auf einer mit Mehl bestäubten Arbeitsfläche zu Kreisen ausrollen. Tomaten und Mozzarella gleichmäßig auf jeden Teigkreis verteilen. Je ein Viertel der Pizzen mit Champignons, Schinken, Artischocken und Oliven belegen.

Mit Salz, Pfeffer und Oregano würzen und mit dem Olivenöl beträufeln. Im heißen Ofen auf einem Blech in zwei Etappen etwa 20 Minuten backen.

ZUTATEN

200 g Champignons
1 EL Butter
4 Tomaten
150 g gekochter Schinken
200 g Mozzarella
4 Artischockenherzen, in Öl eingelegt
16 schwarze Oliven
Salz und Pfeffer
1 TL getrockneter Oregano
4 EL Olivenöl

außerdem: 1 Pizzateig Grundrezept

Brot & Backen

FESTMAHL STATT SCHNELL MAL: DIE GESUNDE BROTZEIT!

FLADENBROT MIT ZWIEBELN

ZUBEREITUNGSZEIT 25 Minuten plus Back- und Ruhezeiten

UTENSILIEN Schüssel, Schneidebrett, Messer, Backblech

FÜR 8-10 PORTIONEN

ZUBEREITUNG

Mehl und Koch- und Backeiweiß in eine Schüssel sieben, Trockenhefe dazugeben und gründlich mischen. 400 ml lauwarmes Wasser angießen. Mit dem Salz und 3 EL Olivenöl zu einem geschmeidigen Teig verkneten, zu einer Kugel formen und mit Klarsichtfolie abgedeckt an einem warmen Ort 1 – 1,5 Stunden gehen lassen bis sich das Volumen verdoppelt hat.

Die Zwiebeln und den Knoblauch schälen. Zwiebel halbieren und in dünne Scheiben schneiden, Knoblauch fein hacken. Den Backofen auf 250 °C vorheizen.

Den Hefeteig nochmals kräftig durchkneten. Ein Backblech mit Olivenöl einstreichen. Den Teig auf einer bemehlten Arbeitsfläche etwa 2 cm dick ausrollen, auf das Backblech legen und auf der gesamten Oberfläche mit den Fingerspitzen des Zeige- und Mittelfingers kleine Mulden in den Teig drücken. Mit den Zwiebeln belegen, mit Knoblauch bestreuen und das restliche Olivenöl darüber träufeln. Mit Meersalz und Pfeffer würzen und im heißen Ofen etwa 20 Minuten backen. Lauwarm servieren.

ZUTATEN

200 g Mehl
200 g Koch- und Backeiweiß
2 Pakete (à 14 g) Trockenhefe
400 ml lauwarmes Wasser
10 g Salz
1/8 l Olivenöl
2 Zwiebeln
2–3 Knoblauchzehen
Mehl zum Bearbeiten
1 EL grobes Meersalz
grob geschroteter schwarzer Pfeffer

ALLZWECK-BROT

ZUBEREITUNGSZEIT 40 Minuten plus Back- und Wartezeiten

UTENSILIEN 2 Schüsseln, Klarsichtfolie, Messer, Backblech, Backpapier, Küchentuch, Handrührgerät mit Knethaken, ofenfeste flache Schale, Ofenhandschuhe, Gitter zum Abkühlen der Brote

FÜR **2** BROTE À 1 KG

ZUBEREITUNG

Am Vortag den Vorteig ansetzen: Das Mehl in eine Schüssel sieben, in die Mitte eine Mulde drücken und die Hefe hineinbröckeln bzw. streuen. Mit 1 l lauwarmem Wasser angießen. Mit dem Knethaken des Handrührgerätes 2 Minuten kneten. Die Teigschüssel mit Klarsichtfolie abdecken und mindestens 12, vorzugsweise 16 Stunden bei Zimmertemperatur stehen lassen.

Mehl, Koch- und Backeiweiß und das Salz zusammen in eine Schüssel sieben. Die Hefe hineinbröckeln, den Vorteig dazu geben und mit der Hand zu einem lockeren Teig bearbeiten.

Den Teig auf die mit Mehl bestreute Arbeitsfläche geben und 5 Minuten mit den Händen kneten, dabei soviel Mehl zufügen, dass der Teig nicht an den Händen klebt. Er sollte relativ weich und elastisch sein.

Den Teig in eine Schüssel geben, mit Klarsichtfolie abdecken und bei Zimmertemperatur ca. 2 Stunden gehen lassen bis sich das Volumen verdoppelt.

Den Teig erneut auf die bemehlte Arbeitsfläche geben. 1 Minute kneten, halbieren und zu runden Laiben formen. Auf ein mit Backpapier ausgelegtes Backblech legen. Mit einem bemehlten Tuch bedeckt weitere 90 Minuten gehen lassen.

Ofen auf 250 °C vorheizen. Eine Schale Wasser auf den Ofenboden stellen. Brote auf dem Blech in den Ofen geben. Hitze auf 190 °C reduzieren und die Brote 45–50 Minuten backen. Nach 20 Minuten die Wasserschale entfernen und gegebenenfalls die Hitze auf 170 °C reduzieren.

Die fertigen Brote aus dem Ofen nehmen und einem Gitter vollständig auskühlen lassen.

ZUTATEN FÜR DEN VORTEIG

500 g Weizenmehl (Type 550)
20 g frische Hefe oder 1 Päckchen Trockenhefe
1 l lauwarmes Wasser

ZUTATEN FÜR DEN HAUPTTEIG

650 g Weizenmehl (Type 550)
400g Koch- und Backeiweiß
25 g Salz
20 g frische Hefe oder 1 Päckchen Trockenhefe

JOGHURTBROTE

ZUBEREITUNGSZEIT ca. 30 Minuten plus Back- und Wartezeiten

UTENSILIEN 2 Schüsseln, Klarsichtfolie, Messer, Backblech, Backpapier, Küchentuch, ofenfeste flache Schale, Ofenhandschuhe, Gitter zum Abkühlen der Brote

FÜR 2 BROTE À 750 G

ZUBEREITUNG

Roggen- und Weizenmehl mit dem Koch- und Backeiweiß in eine Schüssel geben und mit der Hefe mischen.

In einer anderen Schüssel Joghurt, Olivenöl, das Ei, Salz, Thymian und 200 ml lauwarmes Wasser verrühren und Zimmertemperatur erreichen lassen. Zum Mehlgemisch geben und mit den Händen zu einem nicht zu festen Teig verarbeiten.

Den Teig auf die bemehlte Arbeitsfläche geben und ca. 5 Minuten zu einem glatten Teig kneten, dabei wenn notwendig, soviel Mehl zugeben, dass sich der Teig von den Händen löst. Der Teig sollte elastisch und etwas weich sein.

Die Teigkugel zurück in eine Schüssel geben und mit Klarsichtfolie bedeckt bei Zimmertemperatur etwa 1–1,5 Stunden gehen lassen bis sich das Volumen verdoppelt.

Den gegangen Teig erneut auf die bemehlte Arbeitsfläche geben, mit einem Messer halbieren, jedes Stück noch einmal kneten und in eine längliche Form bringen. Auf ein mit Backpapier ausgelegtes Blech geben. Teiglinge mit einem bemehlten Küchentuch bedeckt noch einmal 1 Stunde gehen lassen.

Backofen auf 250 °C vorheizen. Eine Schale Wasser auf den Ofenboden stellen. Brote auf dem Blech in den Ofen geben. Hitze auf 190 °C reduzieren und die Brote 45–50 Minuten backen. Nach 20 Minuten die Wasserschale entfernen.

Die fertigen Brote aus dem Ofen nehmen und auf einem Gitter vollständig auskühlen lassen.

ZUTATEN

150 g Roggenvollkornmehl
400 g Weizenmehl Type 550
200 g Koch- und Backeiweiß
2 Pakete (à 14 g) Trockenhefe
600 g Magermilchjoghurt
200 ml lauwarmes Wasser
3 EL Olivenöl
1 Ei (Größe M)
20 g Salz
1 EL Thymian (frisch gehackt)
Mehl zum Bearbeiten des Teiges

SCHNELLES MISCHBROT OHNE HEFE

ZUBEREITUNGSZEIT 15 Minuten plus Backzeit

UTENSILIEN Geräte, Schüssel, Messer, Backpapier, Backblech, Kuchengitter

FÜR 2 BROTE À 750 G

ZUBEREITUNG

Den Ofen auf 190 °C vorheizen.

Weizenmehl, Koch- und Backeiweiß, Küchennatron, Backpulver und Salz in eine Schüssel sieben und mit dem Vollkornmehl mischen.

Die Buttermilch und das Ei zum Mehlgemisch geben, zu einem lockeren Teig mischen, auf die mit Mehl bestreute Arbeitsfläche geben und kneten, bis er glatt und geschmeidig ist.

Den Teig halbieren, Teigstücke in eine runde Form bringen und auf ein mit Backpapier ausgelegtes Backblech geben. Brote im unteren Ofendrittel 40–45 Minuten backen.

Gebackene Brote auf einem Gitter vollständig auskühlen lassen. Erst dann in Scheiben schneiden.

ZUTATEN

250 g Weizenmehl Type 550

225 g Koch- und Backeiweiß

2 TL Küchennatron

1 Päckchen Backpulver

20 g Salz

350 g Roggenvollkornmehl

750 ml Buttermilch

1 Ei (Größe L)

Mehl zum Bearbeiten des Teiges

Kuchen & Süßes

NASCHEN MIT NÄHRWERT!

GEDECKTER APFELKUCHEN

ZUBEREITUNGSZEIT 45 Minuten plus Backzeit

UTENSILIEN Schüssel, Handrührgerät mit Knethaken, Sparschäler, Messer, Gabel, Schneidebrett, mittelgroßer Topf, Rollholz, Springform 24 cm Ø

FÜR 12 PORTIONEN

ZUBEREITUNG

Mehl und Koch- und Backeiweiß sowie Backpulver rasch mit dem Ei, 175 g Butter, 2 EL Zucker, 1 Prise Salz und der Milch zu einem glatten Teig verkneten.

In Folie gewickelt mindestens 2 Stunden kalt stellen.

Äpfel schälen, vierteln, entkernen und würfeln. Die restliche Butter in einem Topf schmelzen, Vanillemark, den restlichen Zucker, Sultaninen und Apfelwürfel dazugeben, 5–7 Minuten dünsten, kalt werden lassen.

Ofen auf 180 °C vorheizen.

2/3 vom Teig zu einem Kreis von 28 cm Durchmesser mit dem Rollholz ausrollen. Die Springform einfetten und bemehlen. Teigplatte hineinlegen, Rand hochziehen und andrücken. Boden mehrmals mit der Gabel einstechen, mit der Hälfte der Löffelbiskuitbrösel bestreuen.

Die Apfelfüllung darüber geben. Mit den restlichen Löffelbiskuitbröseln bestreuen. Den restlichen Teig zu einem Kreis von 24 cm Durchmesser ausrollen, auf den Kuchen legen, rundherum sorgfältig andrücken, und die Oberfläche mehrmals mit der Gabel einstechen.

Auf der untersten Schiene im vorgeheizten Backofen 35–40 Minuten backen. Etwas abkühlen lassen, die Form lösen.

Lauwarm servieren, wenn gewünscht mit etwas Puderzucker bestäuben.

ZUTATEN

150 g Mehl
100 g Koch- und Backeiweiß
2 TL Backpulver
1 Ei (Größe L)
250 g weiche Butter
100 g Zucker
1 Prise Salz
2 1/2 EL Milch
1 kg Äpfel, z.B. Gravensteiner
Mark einer Vanilleschote
75 g Sultaninen
50 g Löffelbiskuitbrösel
etwas Mehl und Butter für die Form

APRIKOSEN-KÄSEKUCHEN VOM BLECH

ZUBEREITUNGSZEIT 50 Minuten plus Backzeit

UTENSILIEN Schüsseln, Handrührgerät mit Knethaken, Klarsichtfolie, kleines Sieb, Backblech, Backpapier, Schneebesen, Gummispatel, Palette, Kuchengitter

FÜR **14** PORTIONEN

ZUTATEN FÜR DEN TEIG

- 200 g Mehl
- 200 g Koch- und Backeiweiß
- 3 TL Backpulver
- 75 g Zucker
- 1 Prise Salz
- 2 TL abgeriebene Zitronenschale
- 125 ml Milch
- 100 ml Rapsöl
- 250 g Magerquark

ZUTATEN FÜR DEN BELAG

- 2 Dosen Aprikosen, abgetropft (425 g)
- 50 g Löffelbiskuit
- 500 g Magerquark
- 150 g Zucker
- 25 g Mehl
- 25 g Koch- und Backeiweiß
- 1 Paket Vanillezucker
- 75 ml Milch
- 3 Eier
- 1 TL Orangenschale fein abgerieben
- 150 ml Schlagsahne

ZUBEREITUNG

Mehl, Koch- und Backeiweiß, Backpulver, 75 g Zucker, Salz und abgeriebene Zitronenschale in einer Schüssel mischen. Milch, Öl und Magerquark dazugeben und mit den Knethaken des Handrührers zu einem glatten Teig verkneten. In Folie gewickelt 30 Minuten ruhen lassen.

Aprikosen abtropfen lassen. Löffelbiskuit fein zerbröseln. Ein tiefes Backblech (40 x 35 cm) mit Backpapier auslegen. Den Quark-Öl-Teig auf einer bemehlten Arbeitsfläche auf die Größe des Blechs ausrollen und das tiefe Backblech damit auslegen; dabei den Teig am Blechrand gut andrücken. Biskuitbrösel auf dem Teig verteilen.

Für den Belag den Quark in einem Sieb abtropfen lassen. 100 g Zucker mit Mehl, Koch- und Backeiweiß, Vanillezucker und Milch mit einem Schneebesen mischen. Eier trennen, Eigelb, Quark und Orangenschale unterrühren. Die Schlagsahne steif schlagen. Eiweiß schaumig aufschlagen, dabei den restlichen Zucker einrieseln lassen und weiterschlagen, bis ein fester Eischnee entsteht. Erst die Sahne, dann den Eischnee unter die Quarkmasse heben. Gleichmäßig auf dem Teig verteilen. Aprikosen mit der Schnittfläche nach unten in die Quarkmasse drücken. Im vorgeheizten Backofen bei 180 °C (Umluft nicht empfehlenswert) auf der untersten Schiene ca. 40 Minuten backen.

Kuchen nach dem Backen kurz auf einem Gitter auskühlen lassen und lauwarm mit Puderzucker bestäubt servieren.

BIRNEN-RÜHR-KUCHEN

ZUBEREITUNGSZEIT 35 Minuten plus Backzeit

UTENSILIEN Kastenreibe, Schüssel, Handrührgerät mit Quirlen, Sieb, Messer, Schneidebrett, Springform 28 cm Ø, Gummispatel, Kuchengitter

FÜR **12** PORTIONEN

ZUBEREITUNG

Die Marzipan-Rohmasse raspeln, mit der weichen Butter, Zucker und gemahlenen Nelken mit den Quirlen des Handrührers sehr cremig rühren.

Eier nacheinander gut unterrühren. Mehl, Koch- und Backeiweiß und Backpulver sieben, und abwechselnd mit der Milch unter die Marzipan-Buttermasse mischen.

Birnen würfeln und mit dem Gummispatel unter den Teig heben. Den Boden und Rand der Springform fetten.

Den Teig in die Form geben und glatt streichen. Im vorgeheizten Ofen bei 190 °C (Umluft 180 °C) auf der zweiten Schiene von unten 35–40 Minuten backen.

Tipp: Mit einem Zahnstocher in die Mitte des Kuchens stechen. Bleibt er beim Herausziehen sauber (ohne Teigrückstände), ist der Kuchen gar.

Den Kuchen etwa 10 Minuten in der Form abkühlen lassen, dann auf einen Kuchenteller stürzen.

ZUTATEN

100 g Marzipan-Rohmasse
125 g weiche Butter
100 g Zucker
1/2 TL gemahlene Nelken
4 Eier
150 g Mehl
100 g Koch- und Backeiweiß
3 TL Backpulver
75 ml Milch
1 Dose Birnen, abgetropft (425 g)
außerdem Butter für die Form

BEERENTARTE ROYALE

ZUBEREITUNGSZEIT ca. 45 Minuten plus Backzeit

UTENSILIEN Schüssel, Handrührgerät mit Knethaken, Rollholz, Tarteform 24 cm Ø

FÜR 10-12 STÜCKE

ZUBEREITUNG

Mehl, Koch- und Backeiweiß, Backpulver, 25 g Zucker, Salz und die abgeriebene Zitronenschale (unbehandelt) in einer Schüssel mischen. 60 ml Milch, Öl und Magerquark dazugeben und mit den Knethaken des Handrührers zu einem glatten Teig verkneten.

Den Teig zu einem Kreis von 28 cm Durchmesser ausrollen. In eine gefettete und mit Mehl ausgestreute Tarteform legen, dabei einen etwa 2 cm hohen Rand formen.

TK-Beerenmischung und 1 EL Koch- und Backeiweiß mischen und auf den Teig geben. Saure Sahne, die restlichen 50 g Zucker, Eier und die verbliebenen 100 ml Milch verrühren und über die Beeren geben.

Die Beerentarte im vorgeheizten Ofen bei 180 °C auf der zweiten Schiene von unten 30 Minuten backen, Hitze auf 150 °C reduzieren und weitere 25–30 Minuten backen, bis die Creme in der Mitte fest ist. Lauwarm mit Puderzucker bestäubt servieren.

ZUTATEN

- 100 g Mehl
- 100 g Koch- und Backeiweiß plus 1 EL
- 2 TL Backpulver
- 75 g Zucker
- 1 Prise Salz
- 2 TL abgeriebene Zitronenschale
- 160 ml Milch
- 5 EL Rapsöl
- 125 g Magerquark
- 300 g TK-Beerenmischung
- 150 g saure Sahne
- 3 Eier (Größe M)
- Puderzucker

CHOCOLATE CHIP-MACADAMIA COOKIES

ZUBEREITUNGSZEIT 30 Minuten

UTENSILIEN Feines Sieb, 2 Schüsseln, großes Küchenmesser, Schneidebrett, Handrührgerät mit Quirlen, Holzlöffel, Esslöffel, Backpapier, Backblech, Kuchengitter

FÜR 25 COOKIES

ZUBEREITUNG

Mehl, Koch- und Backeiweiß, Kakaopulver, Salz und Küchennatron oder Backpulver in eine Schüssel sieben. Schokolade und Nüsse getrennt voneinander klein hacken.

In einer zweiten Schüssel Butter, Zucker und Vanillezucker mit den Quirlen des Handrührgrätes schaumig schlagen. Die Eier nacheinander untermischen.

Mehlmischung, Schokolade und Nüsse unter die Buttermischung heben.

Den Teig mit einem Löffel auf ein mit Backpapier ausgelegtes Blech in kleinen Häufchen verteilen.

Im vorgeheizten Ofen 10 Minuten bei 190 °C backen. Auf dem Kuchengitter abkühlen lassen und servieren.

ZUTATEN

200 g Mehl
100 g Koch- und Backeiweiß
20 g Kakaopulver
1 TL Salz
1 TL Küchennatron oder Backpulver
150 g Schokolade 80% Kakao
75 g Macadamianüsse
225 g Butter, zimmerwarm
300 g Zucker (am besten halb braun, halb weiß)
1 Paket Vanillezucker
2 Eier

PFLAUMEN-QUARK-BISKUITROLLE

ZUBEREITUNGSZEIT 30 Minuten plus Kühlzeit

UTENSILIEN Handrührgerät mit Quirlen, feines Sieb, Gummispatel, Backblech, Backpapier, Geschirrtuch, Schüssel, Löffel

FÜR 12 STÜCKE

ZUBEREITUNG

Backofen auf 190 °C vorheizen. Für den Biskuit Eier mit dem Zucker und einer Prise Salz mit den Quirlen des Handrührgerätes auf höchster Stufe in 7–8 Minuten cremig schlagen. Koch- und Backeiweiß und Stärke darüber sieben und sanft unterheben.

Ein Backblech (35 x 40 cm) mit Backpapier auslegen. Teig dünn auf das Backpapier streichen und im heißen Ofen bei 190 °C im unteren Ofendrittel 8–9 Minuten (Umluft 170 °C) backen. Ein Geschirrtuch mit etwas Zucker bestreuen. Biskuitboden mit dem Papier vom Blech nehmen und auf das bezuckerte Tuch stürzen. Dann das Papier mit etwas Wasser einstreichen und vorsichtig abziehen. Den Biskuit mit dem Tuch der Breite nach einrollen und beiseite stellen.

Für die Füllung Quark, Honig, Zitronensaft und Schale in einer Schüssel mit den Quirlen des Handrührgerätes 4–5 Minuten cremig schlagen.

Biskuit wieder aufrollen. Quarkcreme auf den Biskuitboden streichen, dabei an der oberen, langen Kante einen Rand von 2 cm Breite lassen. Das Pflaumenmus mit einem Löffel auf dem Quark verteilen. Mithilfe des Küchentuchs der Breite nach aufrollen. 2 Stunden kalt stellen. In Scheiben geschnitten servieren.

ZUTATEN FÜR DEN BISKUIT

- 4 Eier (Größe M)
- 50 g Zucker
- 1 Prise Salz
- 40 g Koch- und Backeiweiß
- 40 g Speisestärke

ZUTATEN FÜR DIE FÜLLUNG

- 500 g Magerquark
- 4 EL flüssiger Honig
- 2 TL Zitronensaft
- abgeriebene Schale einer Bio-Zitrone
- 300 g Pflaumenmus

BIRNENPFANNKUCHEN

ZUBEREITUNGSZEIT 35 Minuten

UTENSILIEN Schüsseln, Schneebesen, kleines Messer, Schneidebrett, hochwandige Bratpfanne 28 cm Ø (ohne Plastikgriff), Handrührgerät mit Quirlen

FÜR 4 PORTIONEN

ZUBEREITUNG

Saure Sahne mit dem Honig und 2 EL Milch glattrühren, kaltstellen. Zucker und Zimt vermischen.

Backofen auf 200 °C (Umluft 180 °C, Gas Stufe 3) vorheizen. Die Birnen schälen, achteln und entkernen. Butter in die Pfanne geben und im Ofen schmelzen lassen. Birnenspalten in der Pfanne im Kreis auslegen, dabei einen Abstand von 2 cm zum Pfannenrand lassen.

Die Birnenspalten mit dem Zimtzucker und den Mandelstiften bestreuen. Pfanne in den Ofen geben und alles 10 Minuten backen.

Während die Birnen garen, den Pfannkuchenteig zubereiten. Die Eier mit dem Handrührgerät in einer Schüssel schaumig schlagen. Das Mehl, Koch- und Backeiweiß, Backpulver und eine Prise Salz dazugeben und glattrühren, die restliche Milch dazugeben und zu einem glatten Teig rühren.

Die Pfanne aus dem Ofen nehmen und den Teig vorsichtig um die Birnen gießen. Auf der zweiten Schiene von unten 20–25 Minuten backen. Den Pfannkuchen in der Pfanne servieren, dazu die saure Sahne separat servieren.

ZUTATEN

150 g saure Sahne (stichfest)

50 g Honig

300 ml Milch

2 EL Zucker

1/2 TL Zimt

50 g Butter

400 g feste Birnen

25 g Mandelstifte

5 Eier (Größe M)

100 g Mehl

50 g Koch- und Backeiweiß

1 Msp. Backpulver

1 Prise Salz

Über den Autor

SEBASTIAN BENTHE – BEI IHM SCHMECKT GESUND RICHTIG LECKER!

Sebastian Benthe ist Koch aus Leidenschaft. Seine Spezialität: gesunde Rezepte mit hohem Genussfaktor. Dabei setzt Sebastian Benthe vor allem auf frische Zutaten, Bioprodukte und eine ausgewogene, eiweißreiche Kost. Eine Begegnung mit dem Ernährungsexperten Patric Heizmann inspirierte den erfolgreichen Bielefelder Koch dazu, sich der kulinarischen Kreation mit besonders hohem Eiweißanteil zu widmen. Dabei entdeckte er die Möglichkeit, Eiweißpulver in Rezepte einzubinden.

Schon als Jugendlicher hatte Sebastian Benthe ein Händchen fürs virtuose Zusammenfügen von Zutaten. Und auch heute noch hat der Koch mit Uni-Examen auf die Frage, warum er eigentlich kocht, nur eine Antwort: »Eigentlich nur, weil es Spaß macht«. Und das merkt man. In jedem seiner Rezepte ist die Begeisterung für gutes, gesundes Essen und das Spiel mit Geschmacksnoten zu spüren. Und der Leser ist erstaunt: Mit nur wenigen Handgriffen lassen sich wunderbare Gerichte zaubern – allesamt mit einer Extra-Portion Eiweiß. Das schmeckt nicht nur dem Gaumen, sondern auch unserer Gesundheit und schlanken Linie.

Fitnesskoch sebastian benthe

Mehr Rezepte und Infos gibt es auf meiner Webseite:

www.sebastian-benthe.de

ICH BIN DANN MAL EINKAUFEN

Unser Tipp

Klein, Antje / Benthe, Sebastian

Ich bin dann mal einkaufen

Der Schlankfüher durch
den Supermarkt

188 Seiten, 21,0 x 14,8 cm
978-3-86243-014-7 nur 17,95 Euro
Draksal Fachverlag GmbH

IMPRESSUM

Benthe, Sebastian (2011)
SCHLANKE EIWEISSKÜCHE
Rezepte mit Koch- und Backeiweiß
Hamburg, Kobalt Verlag
ISBN 9-783981-43360-9

Verlag:
KOBALT VERLAG
Lerchenstraße 16a
22767 Hamburg
info@kobalt-verlag.de

Rezepte:
Sebastian Benthe

Realisation:
elbdudler UG haftungsbeschränkt

Redaktion:
Sonja Schewe

Fotos:
Udo Bojahr

Art Director & Litho:
Carolin Seng

Foodstyling:
Christoph Hoefs

Gesamtherstellung:
Sonopress GmbH